AF438780

LE
CHEVALIER FRANÇAIS

A TURIN,

COMÉDIE

EN TROIS ACTES ET EN VERS,

Représentée à la fin de Novembre, par les Comédiens François.

Par M. DORAT.

A PARIS,

Chez DELALAIN, Libraire, rue de l'ancienne Comédie Françoise.

M. DCC. LXXIX.

Avec Approbation & Permission.

L E fujet de cette bagatelle eft tiré des Mémoires du Comte de Grammont , écrits par Hamilton. Elle étoit en quatre Actes, je l'ai réduite à trois. J'ai cependant rétabli quelques endroits, fupprimés depuis la premiere repréfentation ; tels que les deux premieres Scenes du fecond Acte, parce qu'elles donnent plus de valeur à celles du Chevalier & de la Comteffe. J'ai auffi un peu étendu, dans le même Acte, la Scene entre Mata & le Chevalier. On a annoncé au Public l'ignorante bonhomie de Mata, & le jargon fcientifique de Sénante ; il falloit marquer le contrafte, & il me femble qu'il ne l'étoit pas affez. Peut-être ai-je eu tort ; mais j'ai fait pour le mieux, prêt à foufcrire au jugement des Lecteurs, s'il n'eft pas conforme au mien.

PERSONNAGES.	ACTEURS.
LE COMTE DE SÉNANTE.	M. Préville.
LA COMTESSE DE SÉNANTE.	Mad. Préville.
LA MARQUISE D'OLMENE.	Mlle. Doligni.
ROSE.	Mlle. Fanier.
LE CHEVALIER.	M. Molé.
MATA.	M. Monvel, *ensuite* M. Fleuri.
Un Exempt.	M. d'Azincourt.
Un Valet. }	*Personnages*
Un Maître-d'hôtel. }	*muets.*

*La Scene se passe chez Sénante ; au premier Acte,
dans la Chambre du Chevalier, pendant les deux autres,
dans l'appartement de la Comtesse.*

LE
CHEVALIER FRANÇAIS
A TURIN,
COMÉDIE.

ACTE PREMIER.

Le Théâtre repréfente la Chambre du Chevalier ; Mata, à l'un des côtés du Théâtre, paroît couché & endormi fur un canapé rofe & argent : il eft en habit de chaffe bleu & en bottes.

SCENE PREMIERE.

LE CHEVALIER, *feul.*

(Magnifiquement vétu, écharpe rofe & argent.)

La Marquife d'Olmene eft donc logée enfin
(à un valet qui entre.)

Chez Sénante, ici même ?... Holà quelqu'un... Marin,
Fais venir Rofe ici, femme de la Marquife ;
Il eft certains fecrets dont il faut qu'on m'inftruife.

A

SCENE II.

LE CHEVALIER (*seul, & regardant si on ne l'écoute pas.*)

Plus de délais, allons : par ordre de ma Cour,
Pour Londre, après le bal, je pars au point du jour,
Une affaire importante y dépend de mon zele ;
Mais il faut que du moins ma retraite soit belle.
J'y tiens... Eh ! comment donc, depuis trois mois & plus,
D'Olmene me condamne à des vœux superflus ?
Un seul objet m'occupe !... Oh ! ce soin m'importune :
Essayons, en partant, d'en fléchir deux pour une...
Je veux un trait qui marque, étonne, & puisse enfin
Faire parler de moi les Dames de Turin !
Mais Sénante & Mata, dans mes deux entreprises,
   (*après un silence.*)
Pourroient... Pour m'en défaire, il faut les mettre aux prises,
L'un par l'autre si bien les contenir tous deux,
Qu'aucun de mes ressorts ne soit gêné par eux.
On me pardonnera ; l'instant presse, il m'appelle,
Et je n'aurai pas trop le temps d'être fidele.
Eh bien ! qu'est devenu ce bon & cher Mata ?
Dehors toute la nuit ? Est-ce ?... Eh ! oui, le voilà ;
Il en prend à son aise, & dort de bonne grace.
A voir son équipage, il revient de la chasse.
De son temps, ce me semble, il fait un bel emploi ;
Il se tue à veiller, & vient dormir chez moi.

SCENE III.

ROSE, LE CHEVALIER.

ROSE, (*entrant sans appercevoir Mata.*)

Vous m'avez demandée ?

LE CHEVALIER.
Oui.

ROSE.
Qu'avez-vous à dire ?

LE CHEVALIER.
Cent choses, mille.

ROSE.
Allons, de tout il faut m'instruire :
Vous le savez, Monsieur, je brûle de savoir...

LE CHEVALIER.
De cette vertu-là, j'ai cru m'appercevoir.
Réponds : hier, pourquoi n'ai-je pu voir Olmene ?

ROSE.
Hier ? Attendez donc. Nous avions la migraine.

LE CHEVALIER.
Tout de bon ?

ROSE.
Je dis vrai.

LE CHEVALIER.
Tu ments. Sors d'embarras.
(*lui donnant un diamant.*)
Je te répete, moi, que vous ne l'aviez pas.

ROSE.

Il devine toujours.

LE CHEVALIER.

J'ai quelque intelligence.

ROSE.

Joindre tant de jeuneſſe à tant d'expérience !
Le moyen , dites-moi, qu'on vous puiſſe échapper ?
Quand....

LE CHEVALIER.

Tu me connois mal , ſi tu crois me tromper.

ROSE, (*regardant la bague.*)

Moi !... Ces petits ſoins-là m'en ont ôté l'envie.
Je vous aime, Monſieur, & je vous apprécie.
Héros , Convive , Amant , bel eſprit renommé ;
Quoiqu'un peu ſcélérat, très-fait pour être aimé :
Politique au beſoin , raſſemblant les contraires ,
Ardent pour les plaiſirs , actif dans les affaires ,
A mille qualités joignant mille agrémens ,
Gardant bien vos ſecrets , & très-peu vos ſermens ;
Emportant une Place avec la même adreſſe
Qu'on vous voit enlever le cœur d'une Maîtreſſe ,
Cueillant légerement le myrthe & les lauriers ,
Vous êtes , à coup ſûr , la fleur des Chevaliers ,
Un prodige , un lutin , un diable , un Dieu , peut-être ,
Bref , un homme charmant : là, ſait-on vous connoître ?

LE CHEVALIER.

C'eſt cet homme charmant , ſi fêté , ſi divin ,
Que les mépris d'Olmene attendoient à Turin !

ROSE.
L'accident eſt fâcheux.

LE CHEVALIBR.

Sais-tu bien une choſe ?
C'eſt que ſon procédé me choque & m'indiſpoſe ;
C'eſt qu'il faut mon ſang-froid pour tenir à cela ;
C'eſt que l'affaire enfin n'en reſtera point-là.
Semer, ſans recueillir, n'eſt point mon habitude :
Vaincre eſt mon eſpérance, & plaire eſt mon étude.
D'Olmene a, j'en conviens, des yeux très-ſinguliers,
Un teint éblouiſſant, des traits particuliers,
Un pied, comme on les veut, une taille légere,
De très-heureux détails, aſſez faits pour diſtraire :
Elle a tout ce qui plaît ; &, ſans y mettre d'art,
Laiſſe aller tout cela comme il plaît au hazard.
Très-bien, aſſurément ! Mais, quant à ſa conduite,
L'explique qui pourra. Sa décence maudite,
Finira par la perdre. O la ſotte vertu !
On peut capituler, quand on a combattu.
C'eſt la premiere femme à ce point entêtée,
Et mon expérience en eſt déconcertée...
Je viens, j'arrive ici, plein de projets brillans,
Courant après l'amour & les enchantemens.
J'accepte les ſecours que le ſort me préſente,
Et l'hoſpitalité chez le docte Sénante ;
Je vois, dans ſa compagne, une de ces beautés,
Cachant un cœur très-vif ſous des ſoins concertés ;
Pour unique vertu, ſauvant les apparences,

Gouvernant fon époux par l'air des bienféances,
Et fauffe enfin, Dieu fait ! Je la cede à Mata.
La veuve obtint mes vœux, (même on les accepta,
Tu dois t'en fouvenir); malgré moi je me plie
Au cérémonial de leur galanterie,
A ce culte gênant & fuperftitieux,
Au coftume bizarre adopté dans ces lieux.
Rigide obfervateur des loix qu'on y réclame,
Je me fuis chamarré des couleurs de ma Dame ;
J'imite ces Héros, qui, toujours, en tout bien,
Se battoient pour la leur, fans lui parler de rien.
Ce métier, quand il dure, eft auffi trop pénible,
J'y renonce. On a beau vouloir être fenfible...
Il faut quelque profit, il faut quelque retour,
Et je n'ai pas le don d'être dupe en amour.

R O S E.

Vous voilà dans le vrai, je vous en félicite.
Avec ces façons-là, vous irez bien plus vîte.
On ne le diroit pas, mais, moi, j'ai voyagé,
Et de tout, en paffant, je n'ai pas mal jugé.
Le cœur n'eft nulle part dupe des convenances ;
Ce n'eft que pour les fots que font ces différences.
Eh ! qu'importent l'ufage, & la mode & le goût ?
Indépendant des lieux, l'amour-propre eft par-tout.
En dépit de la Duegne, ou d'un Argus avare,
En Efpagne, il s'éveille au fon de la guittare ;
A Londre, une ardeur fombre & des feux patiens,
Flattant l'orgueil des Mifs, leur font courir les champs.

Quant à ce cher Paris, je n'ai que des oui-dire ;
Mais rien que d'en parler me ravit & m'infpire !
Je fais qu'en ce pays, fait pour donner le ton,
L'amour, comme le vent, mene une paffion,
Et veut qu'on foit toujours, en affaire pareille,
Payé le lendemain des foupirs de la veille.

LE CHEVALIER.

Juftement, c'eft cela : cette ardeur lui convient.
Il n'eft vraiment un Dieu qu'au moment qu'il obtient.
Au fait ; voyons, hier quelqu'un étoit chez elle ?

ROSE.

La curiofité me paroît naturelle.

LE CHEVALIER.

Qui ?

ROSE.

Vous voulez favoir ? Monfieur, que vois-je ? O ciel !

LE CHEVALIER.

Oui, c'eft Mata , qui dort... Parle.

ROSE.

Mon trouble eft tel...

LE CHEVALIER.

Ton trouble eft ridicule.

ROSE.

Eh ! Monfieur, il peut feindre.

LE CHEVALIER.

Il n'eft pas fi rufé... Vas, tu n'as rien à craindre.
Qui ? Lui , diffimuler, fe gêner, un moment !

A iv

ROSE.

Si...

LE CHEVALIER, (*riant.*)

Je te réponds, moi, qu'il dort tout bonnement.
Finiras-tu ? Qui donc est mon Rival ?

ROSE.

Lui-même.

LE CHEVALIER, (*riant.*)

Qui ? Lui !.. par quel hazard, ou par quel stratagême ?
   (*allant à lui.*)
Ah ! Monsieur le coquin, vous me cachiez cela !
Il faut se défier de ces paresseux-là.
Vous ne viendrez à bout de l'une ni de l'autre :
Mon entreprise est sûre un peu plus que la vôtre.
   (*à Rose.*)
J'ai ma vengeance prête, & je lui ferai voir
Qu'il s'est aventuré par-delà son pouvoir.

ROSE.

Mais, comme vous criez !

LE CHEVALIER.

C'est pour me faire entendre.

ROSE.

Ce n'est point-là mon compte : à moi, s'il va s'en prendre.
N'allez point me trahir ; j'ose vous en prier.

LE CHEVALIER.

Oui, d'accord.

ROSE.

Jurez-en.

LE CHEVALIER.
Soit.

ROSE.

Foi de Chevalier ?
De vos inſtructions , vous voyez qu'il profite.

LE CHEVALIER.

C'eſt un Aide de Camp qui marche un peu trop **vîte.**

ROSE, (*voyant que Mata fait quelques mouvemens.*)

Il s'éveille , je crois : nous l'avons étourdi.
Je vais hâter le pas , car l'ordre eſt pour midi.

(*Mata ſe réveille ; elle ſort.*)

SCENE IV.

LE CHEVALIER, MATA, (*s'étendant ,*
bâillant , prenant du tabac , & éternuant.)

LE CHEVALIER, (*à part.*)

Non, ne lui diſons rien, mais faiſons lui **tout dire :**
Ramenons l'ordre enfin , & conſervons l'empire.

MATA

Je n'en puis plus... Auſſi je me laiſſe entraîner...
(*au Chevalier.*)
Eh! Chevalier, c'eſt toi !.. Va-t-on bientôt dîner ?

LE CHEVALIER.

Tu ne perds pas de temps.

MATA.

Avons-nous mieux à faire ?..
Dans ces lieux cependant je commence à me plaire.

J'ai bu toute la nuit, chaffé tout le matin :
Autant qu'il m'en fouvient, mes amours vont leur train.
Je menerois mille ans cette efpece de vie,
Sans me laiffer gagner par ta mélancolie.
Qu'avois-tu befoin, toi, de toutes ces langueurs ?
Elles te font un tort !

LE CHEVALIER.

    Le plus fin des railleurs,
Affurément c'eft vous.

MATA.

    Moi railler ! Qu'on m'y prenne.
Je ferois bien fâché de m'en donner la peine.

LE CHEVALIER.

A propos de pareffe, à quel temps bornez-vous
Vos incivilités pour Sénante ? Entre nous,
Votre froideur pour lui paffe auffi les limites.
Vous favez que cet homme a le goût des vifites ;
Et vous vous obftinez, (cela jufqu'aujourd'hui,)
A ne vouloir jamais vous préfenter chez lui.
Logeant dans fa maifon, grace à fa complaifance,
Vous lui deviez, du moins, un peu de déférence.
Le grand & rare effort d'aller chaque matin
Vous inftruire avec lui !

MATA, (avec effroi.)

    Ciel ! c'en eft trop, enfin !
Qu'il me laiffe en repos. Dans l'ardeur de ma flamme,
N'ai-je pas des égards & des foins pour fa femme ?

Hem ! de quoi fe plaint-il ? Je n'y puis plus tenir,
Et fes citations font à ne pas finir.
De plus, il eft fi vain, qu'il m'en impatiente.
As-tu jamais connu d'ame plus confiante ?
Soupirant importun, bavard déterminé,
Il croit qu'à toujours plaire il fut prédeftiné.
Moi, j'ai trouvé plaifant ; (chacun a fon fyftême,)
De me rendre à cet homme étranger chez lui-même.
Je prife peu l'honneur à toi feul dévolu,
De l'entendre à plaifir gâter ce qu'il a lu.
Tiens, vois-tu, les Savans font mon antipathie :
Ces gens-là favent tout, hors l'emploi de la vie.
Boire, chaffer, dormir, aimer... Comme cela,
Nomme-moi quelque chofe après ces plaifirs-là.
On eft drôle à Turin ! Il faut, j'en ris dans l'ame,
Raffoler du mari, pour attendrir la femme.

LE CHEVALIER.

Quand on vife au tréfor, comme tu fais, dit-on,
Il faut bien, malheureux, endormir le dragon.

MATA.

Dit-on, eft fingulier, & vaut qu'on le remarque.
Il feint d'ignorer tout, & c'eft lui qui m'embarque.

LE CHEVALIER, (*obfervant Mata.*)

Eh bien ! Monfieur Mata, le vent eft-il pour vous ?

MATA.

Mais, non pas autrement.

LE CHEVALIER.

Soyons francs, entre nous.

MATA, (*en riant.*)

Ma foi, tout franchement, je touche à la rupture.

LE CHEVALIER.

Comment! dès le début! Eh! par quelle aventure?

MATA.

Le roman n'eſt pas long. L'autre jour, en chemin,
Aſſez diſtinctement je lui ſerrai la main,
Le tout par ſentiment, ou le diable m'emporte.
Sur ce geſte diſcret, Madame ſe tranſporte.
J'étois, moi, que veux-tu, preſſé de m'expliquer,
Et ne voyois rien-là qui la dût tant piquer.

LE CHEVALIER.

Profane! Et la décence?

MATA.

Et l'amour, dont l'ivreſſe
Egare un tendre cœur.

LE CHEVALIER.

Allons, c'eſt une adreſſe:
Tu voulois ton congé.

MATA.

Je voulois... Je m'entends.

LE CHEVALIER.

Il falloit donc bannir les ſignes effrayans.

MATA.

Oh! je déteſte, moi, tous ces égards frivoles:
Il faut bien quelque choſe au défaut des paroles.

On parle comme on peut. Qu'on s'arrange d'ailleurs.
Voyons ; suis-je un Berger, pour en avoir les mœurs ?

LE CHEVALIER.

Mais...

MATA , (*brusquement.*)

Va te promener, toi, ma belle, & tes contes.
Je crois ce que je sens, non ce que tu racontes.
Que t'importe, après tout ? Toi, l'homme aux petits soins,
Garde bien tes couleurs, aime devant témoins.
(*envisageant l'ajustement du Chevalier.*)
Comme le voilà fait ! Les plaisantes allures !
Témoigner ses ennuis, même dans ses parures !
Tu m'as cédé le bleu ; cela m'a fort touché.
Oh ! je suis las du joug où tu m'as attaché :
Tu peux le porter seul : moi, qui suis moins novice,
Je hais d'un Sigisbé le stérile exercice.

LE CHEVALIER, (*jouant l'admiration.*)
Depuis quand donc as-tu le réveil si saillant ?
Tu ne dis pas un mot qui ne soit excellent.
Voilà ce qui s'appelle un Seigneur très-volage !
Mais, reste à remplacer...

MATA.

J'y songe.

LE CHEVALIER.

Bon. Courage.
Nous pouvons à présent marcher de pair tous deux,
Et, ne nous cachant rien, nous réussirons mieux.

Si tu n'étois pas bien avec ta Dulcinée,
Près de la mienne, moi, j'eus même destinée.

    (*après avoir rêvé.*)

Faisons, d'intelligence, un tour des plus brillans.
Changeons nos vœux d'objets, bouleverfons nos plans.
Cede-moi la Comteffe, & je te cede Olmene.

M A T A.

Eh! pour t'en avifer, on a bien de la peine !

  (*en confidence.*)

Je travaille à l'échangè.

LE CHEVALIER.

       Oui : tant mieux ; il le faut.

Nous devions à cela nous réfoudre plutôt.
J'y confens de bon cœur, & j'en fuis plus tranquile.
Renoncer à d'Olmene, oh! rien n'eft plus facile :
Il eft même à propos qu'elle fache en ce jour,
Que mon cœur, fans regrets, brûle d'un autre amour.

MATA, (*avec le plus grand calme.*)

Je prendrai ce foin-là...

LE CHEVALIER, (*avec une colere retenue.*)

    T'aime-t-on ?

M A T A.

      Je l'ignore.

Deviner eft un art que je n'ai pas encore,
Et, fur la vaine gloire, étant fort réfervé,
Je ne fais que je plais, que quand c'eft bien prouvé.
Hier, très-rudoyé par la chere Sénante,
Je cherchois un peu d'aide à mon ame inconftante :

Je monte chez d'Olmene ; (elle m'a toujours plu :
Moi, je voulois l'aimer, mais tu n'as pas voulu ;
Tu m'engeolas pour l'autre :) enfin donc, chez d'Olmene
Je m'établis, le cœur plein de mon inhumaine.
J'annonce un grand secret, & tu devines bien
Qu'il falloit être seul, pour nouer l'entretien.

LE CHEVALIER.

Après ?

MATA, (*riant.*)

Elle y consent, au risque qu'on la gronde,
Et le tout s'est passé le plus gaîment du monde.

LE CHEVALIER.

(*à part.*)   (*haut.*)

Gaiement ? Tu me paieras... Avance, réussis !
Moi, je te confierai mes amoureux soucis ;
Et, si par un hazard, je plais à la Comtesse,
  (*d'un ton ironique.*)
Je te puis même encor ménager sa tendresse.

MATA, (*avec bonne foi.*)

Oui ? Comme il te plaira : forçant un peu mon goût,
Il faudra bien tâcher de faire face à tout.

LE CHEVALIER, (*retenant Mata, qui veut*
s'en aller.)

Un moment : convenons ; la clause est importante.
Pour ton intérêt même il faudra voir Sénante,
L'écouter, l'applaudir, flatter sa vanité.

MATA, (*en sortant.*)

Rude condition que tu mets au traité !

(*revenant sur ses pas.*)

Mais qu'est-ce qui te prend ? Dis-moi donc quelle rage
De me lier si fort avec ce personnage ?
Au reste, nous verrons. Je vais, en attendant,
Prendre, pour voir d'Olmene, un habit plus décent.
Bon jour...   (*Il sort.*)

SCENE V.

LE CHEVALIER, (*seul.*)

Quelle que soit son humeur nonchalante,
Si bien à tous ses pas j'attacherai Sénante,
Que le mari de l'une, & de l'autre l'amant,
Me laisseront, j'espere, agir très-librement.
J'entends d'ici Mata raconter à d'Olmene,
D'après mon propre aveu, qu'un autre amour m'enchaîne,
Et quelque bon dépit venant à son appui,
Fera tourner pour moi ce qu'il dira pour lui.
Moi, d'un autre côté, j'affirme à la Comtesse,
Qu'on lui vole un Amant, que la vengeance presse ;
On m'écoute, on m'approuve... Eh! oui, oui, je la tiens ;
Il faut, pour aller vîte, user des grands moyens,
J'en use... En suivant bien ces innocentes trames,
Nous verrons si l'on peut humaniser ces Dames.
Leur faux air de vertu me scandalise au point,
Que je prétends avoir le cœur net sur ce point.

Je

Je ne dois pas souffrir, en bonne conscience,
Qu'on soit sage à Turin plus qu'on ne l'est en France.

(*Il va pour sortir ; Sénante entre & le retient.*)

SCENE VI.

LE COMTE, LE CHEVALIER.

LE COMTE.

Me voilà. Sauf l'égard que l'on peut me devoir ;
Tout naturellement, c'est moi qui viens vous voir.
Le cérémonial, à la longue, est trop fade :
Oreste ne doit point compter avec Pilade.
          (*il ricane.*)
Hem ! l'application.

LE CHEVALIER.
          Me flatte infiniment.

LE COMTE.

Ma foi, c'étoient deux Grecs... qui s'aimoient tendrement.
Oh ! je vous montrerai mes notes historiques ;
Et puis deux gros traités...

LE CHEVALIER.
                    Traités philosophiques ?..
Car vous pensez beaucoup.

LE COMTE.
                    Trop : c'est plus fort que moi.
Le génie est un feu qu'on nourrit malgré soi.

B

Comment diable! il voit tout !.. Çà, j'ai pour vous du zele.
Vos amours ? Rien encore !.. Elle eſt toujours cruelle ?
Oui ? Je vous plains !.. Auſſi, pourquoi vous obſtiner ?
Vous ne parviendrez pas à la déterminer.
Les femmes !.. Vous ſaurez que la Marquiſe Olmene,
Très-ſenſible d'ailleurs, fut toujours un peu vaine.

LE CHEVALIER.

Toujours ?

LE COMTE.

Elle eſt ſur-tout ivre des gens d'eſprit,
Et donne volontiers dans le genre érudit.
Vous me voyez venir ?

LE CHEVALIER.

Qu'elle eſt fine & diſcrete !
Se feroit-on douté de cette ardeur ſecrete ?

LE COMTE.

Nous étions obſervés... On a ſur nous les yeux !..
Croyez qu'on ne s'eſt tu, que pour s'entendre mieux.
(confidemment.)
Elle eſt priſe... & Mata ?.. Moi, je ne ſais point feindre.
Ma femme, qui voit bien, dit qu'il n'eſt pas à craindre.

LE CHEVALIER.

N'en croyez pas un mot.

LE COMTE.

Bon.

LE CHEVALIER.

Le drôle eſt inſtruit,
Raiſonnant à merveille, & liſant avec fruit.

D'étude & de travaux se faisant un système,
Il seroit quelque jour, aussi fort que vous-même.
Oh ! c'est un sujet rare, & docte au fond, vraiment :
Mais il n'en convient pas ; c'est un entêtement !..
Et je vous préviens, moi, de toutes ses grimaces,
Pour que, bon gré, malgré, vous fixant sur ses traces,
Vous le mettiez, enfin, dans le cas d'épancher
Tous les rares trésors qu'il s'obstine à cacher.

LE COMTE, (*après avoir réfléchi.*)

Docte au fond ?

LE CHEVALIER.

Comme vous. C'est...

LE COMTE.

C'est une autre affaire.

Il faut...

LE CHEVALIER, (*l'interrompant, & du ton le*
plus pressant.)

Il faut vous voir, vous chercher & vous plaire.

LE COMTE.

Oui ; mais il est, pour moi, sans nulle attention.
Madame de Sénante a condamné son ton.
Quoique vous le vantiez, Savans de son espece
Ne la séduiront pas. Je connois la sagesse
De ma femme ; pour moi, je connois son amour,
Son admiration... qui croît de jour en jour ;
En un mot, je connois son goût pour les décences.

LE CHEVALIER.

Comte, vous avez-là de belles connoiffances !
Je la crois, en effet, fort éprife de vous.

LE COMTE.

Elle y met de l'excès, & m'adore, entre nous,
Au point de me gêner ; je ne fais comment faire.
L'autre amour va fon train ; & c'eft, pour me diftraire,
Que je veux à d'Olmene en gliffer quelques mots ;
Mais il faut finement faifir un à-propos.

LE CHEVALIER.

Le tout, fans rien brufquer.

LE COMTE.

                           Même fans rien prétendre.

LE CHEVALIER.

Défintéreffement bien louable & bien tendre !

LE COMTE.

Pure union des cœurs !

LE CHEVALIER.

                    Commerce tout divin !..
Eh bien ! Monfieur , cela ne fe voit qu'à Turin.

LE COMTE.

Nos femmes, il eft vrai, font incompréhenfibles.

LE CHEVALIER.

Oh ! toutes cependant ne font pas inflexibles.

LE COMTE.

Toutes !.. c'eft un peu fort ; mais la mienne...

LE CHEVALIER.

                                    J'entends :
En haine, plus qu'une autre, elle a pris les Amans.

LE COMTE.

Je les défierois bien, tous; je dis tous, vous-même.

LE CHEVALIER.

Qui ? Moi, Comte, attenter sur un cœur qui vous aime !..

LE COMTE, *(en confidence.)*

Ne m'a-t-elle pas dit, qu'en mille ans, dans son cœur,
Vous n'exciteriez pas la plus légere ardeur ?

LE CHEVALIER.

Ah !

LE COMTE, *(ricanant.)*

Le propos est dur.

LE CHEVALIER, *(avec l'air piqué.)*

Le mépris est extrême !
Je devrois m'en venger, par égard pour moi-même :
Mais, par respect pour vous...

LE COMTE.

Vous vous moquez !..

LE CHEVALIER.

Comment ?
Vous m'excuseriez donc, si, par ressentiment...

LE COMTE.

C'est qu'alors vous sauriez combien elle est fidele !..
Oui, dans ce genre-là, vous verriez un modele.
Soyez pressant, aimable, autant qu'il vous plaira,
Employez tout votre art, Pénélope y tiendra.

B iij

Ah ! la fortune un jour vous fera plus humaine.
Je vais lire un chapitre, & de-là chez d'Olmene.
(à part.)
Ce pauvre Chevalier me fait vraiment pitié.

LE CHEVALIER.

(lui prenant la main , de l'air le plus affectueux.)
Vous verrez si je suis sensible à l'amitié.
*(Sénante sort , en le regardant à plusieurs reprises ,
avec un air d'intérêt.)*

SCENE VII.

LE CHEVALIER, *(seul , & très-gaiement.)*

Ah ! je te fais pitié ; j'en ai l'ame ravie.
Quelques soient mes projets, ce mot les justifie.
Allons, pour ma conquête il me rend plus ardent ;
Et je veux, qui pis est, qu'il en soit confident.

Fin du premier Acte.

ACTE II.

SCENE PREMIERE.

LE COMTE, ROSE.

ROSE.

Dépêchez, on m'attend; Monſieur, j'ai mille affaires.

LE COMTE.

Elle avoit ce matin l'eſprit diſtrait.

ROSE.

Chimeres !
Elle avoit mal dormi.

LE COMTE, (*ricanant.*)

Je dirois bien pourquoi.

ROSE.

Vous.

LE COMTE.

Je m'en doute au moins ; & toi, ma belle, & toi ?
Une Soubrette adroite, (& tu l'es, j'imagine),
Se fait jour dans les cœurs, y lit, ou les devine.

ROSE.

Je ne ſais rien, Monſieur, de ce que vous ſavez ;
Mais auſſi je n'ai pas l'eſprit que vous avez.

LE COMTE.

Sans avoir mon efprit, Rofe pourroit, je penfe,
Se diftinguer encor par fon intelligence.

ROSE.

Et fur quoi, s'il vous plaît ? Expliquez-vous donc mieux.

LE COMTE.

D'Olmene...

ROSE.

Eh bien! après ?

LE COMTE.

Eh bien! on a des yeux;

On fait interpréter avec quelque génie
Les regards, le filence, & fur-tout l'infomnie.

ROSE.

Eft-ce vous qui favez interpréter cela ?

LE COMTE.

Eh mais d'où viens-tu donc ? Bien mieux qu'un autre.

ROSE.

Oui dà.

Grand bien vous faffe.   (*elle veut s'en aller.*)

LE COMTE.

Ecoute.

ROSE.

Encor ?

LE COMTE.

Dis : ta Maîtreffe

N'eft pas à remarquer... je connois fa fineffe ;

Se poffédant... Tu vois fi je la juge bien.
Sur quoi le plus fouvent roule votre entretien ?
Quand elle eft fans témoins , de moi te parle-t-elle ?

ROSE.

De vous ! eh ! pourquoi pas ?

LE COMTE.

Avec un certain zele...
Un certain embarras...

ROSE.

Non pas précifément.
Elle y met au contraire un certain enjouement :
Nous n'en parlons jamais fans éclater de rire.

LE COMTE.

Eh ! c'eft un autre effet que l'amour peut produire.
De ce que tu me dis, tu me vois enchanté.
Ainfi mon fouvenir l'invite à la gaîté.

ROSE.

Gaîté folle !..

LE COMTE.

Tant mieux. Rofe, tu dois m'entendre.

ROSE.

J'entends que l'on me fonne. Adieu.

LE COMTE, (courant après elle.)

Tu dois comprendre.

SCENE II.

LE CHEVALIER, LE COMTE.

LE CHEVALIER, (*surprenant le Comte, qui*
pourfuit Rofe.

Comte, fuis-je de trop ?

LE COMTE, (*avec embarras.*)

Eh! non pas : trop heureux!

LE CHEVALIER, (*après un moment de filence.*)
Vous m'avez fait tantôt un défi généreux.

LE COMTE.

Je ne m'en dédis point, & ce n'eſt pas folie.
Je fais ce que permet notre galanterie.
Nos femmes ont des mœurs ; leurs modeſtes Amans
Tiennent leur éventail, ou ramaſſent leurs gants,
Et c'eſt tout... Ce n'eſt pas comme dans votre France.

LE CHEVALIER, (*affectant le ton le plus*
férieux.)
Croyez que j'en fens bien toute la différence.
Il n'eſt dans l'univers que cette ville-ci,
Où, grace au ton des mœurs, dès long-tems établi,
Un Amant puiſſe ofer, fans en craindre de blâme,
Avertir un mari qu'il en veut à fa femme.

Viendrois-je fans cela vous faire un tel aveu?
 (*après un filence, & en prenant la main du **Comte**.*)
Mon entreprife eft folle.

  LE COMTE, (*riant, & en confidence.*)
      Elle m'alarme peu.

   LE CHEVALIER.

Quoi qu'il en foit, je cede à l'ami qui m'en preffe,
Et je vais éprouver le cœur de la Comteffe.
Je veux voir à quel point, heureux & tendre époux,
Peut aller aujourd'hui l'amour qu'elle a pour vous,
Oui, plus que le dépit, votre intérêt m'enflâme;
Et quoique fon propos pefe encore fur mon ame...

   LE COMTE.

 (*à part, & fe félicitant.*)   (*haut.*)
Il donne dans le piége!... Eprouvez; foit.

   LE CHEVALIER.

        Motus.

   LE COMTE.

Suffit...

   LE CHEVALIER.

  Ménagez-vous ce triomphe de plus.

   LE COMTE.

Oui, triomphe eft le mot : le mien eft infaillible.

   LE CHEVALIER.

Je m'obftine une fois à tenter l'impoffible.

   LE COMTE.

Ma foi, préparez-vous à trouver dans vos feux,
Tout ce qu'une aventure a de plus épineux.

On est sage, & l'on m'aime. Ah! rien n'est si funeste;
Je serai toujours-là, quoiqu'absent.

LE CHEVALIER.

Et le reste!

LE COMTE, (d'un ton suffisant.)

Mais je crois que je suis un rival importun.

LE CHEVALIER.

J'ai vu tous les dangers, sans m'en déguiser un.
Cependant... écoutez... vous pourriez, vous qu'on aime...

LE COMTE.

Oui... Peut-être il faudroit, m'exécutant moi-même,
Et, vous développant l'art de se faire aimer,
Par mes propres leçons, vous apprendre à charmer.
 (en riant.)
Le projet est naïf. Non; de l'œil je veux suivre,
Et mon expérience à votre essor vous livre.
 (plus gravement.)
Tout seul de cette affaire il faut vous démêler...
Puis le revers, & puis, après... se consoler.

LE CHEVALIER.

Eh bien! puisqu'avec moi vous êtes inflexible,
Que je rencontre en vous une ame incorruptible,
Dussiez-vous rire encor de ma naïveté,
Je vais vous dire, moi, tout ce que j'ai tenté.

LE COMTE, (enchanté.)

Déjà? Comme il est vif!

LE CHEVALIER.

Eh ! pourquoi les remifes ?
L'action eft, Monfieur, l'ame des entreprifes.

LE COMTE.

Il ne s'y prend pas mal.

LE CHEVALIER.

Je viens d'écrire.

LE COMTE.

Bon.
Pas un mot à cela, je le parierois.

LE CHEVALIER.

Non.

LE COMTE.

Et d'un échec.

LE CHEVALIER.

Et d'un, je m'y devois attendre ;
Mais fi l'on n'ofe écrire, on confent à m'entendre.

LE COMTE.

Oui, pour vous accabler de reproches.

LE CHEVALIER.

Comment ?

LE COMTE.

Je vois d'ici le fil de chaque événement.

LE CHEVALIER.

Votre fagacité me confond & m'étonne.

LE COMTE.

(à part.)
J'ai du tact. Qu'il eft fimple !.. allons, la dupe eft bonne.

LE CHEVALIER, (*surprenant les derniers mots.*)
Vous croyez?

LE COMTE.

Si je crois! je crois, mon pauvre ami,
Que vous ne ferez point malheureux à demi.

LE CHEVALIER, (*jouant l'air découragé.*)
Vous allez m'effrayer avec cette affurance.
Dans mes malheurs, au moins, laiffez-moi l'efpérance.

LE COMTE.

Eh! fans doute; l'efpoir nourrit l'activité.

LE CHEVALIER.

Tenez, je fuis déjà tout défortienté.
Au fait, c'eft pour vous, moi, que je me facrifie:
Rien ne m'en reviendra.

LE COMTE, (*avec un fourire ironique.*)
Pourquoi donc?

LE CHEVALIER.

Je vous prie
De m'épargner un peu, de ne point abufer...

LE COMTE.

Ce n'eft pas moi qui fonge à vous rien oppofer.

LE CHEVALIER, (*avec une efpece d'humeur.*)
Je l'entends bien ainfi. Pour juger de l'adreffe,
Il ne faut pas non plus confeiller la Comteffe...
Le tour feroit cruel; je débute, entre nous,
Et ne fuis pas de force à lutter contre vous.
D'ailleurs, vous êtes fûr...

LE COMTE, (*avec fécurité.*)

J'en conviens.

LE CHEVALIER.

Comment faire?

LE COMTE.

Faites de votre mieux.

LE CHEVALIER.

(*feignant de parler à part, en regardant le Comte avec un œil d'envie.*)

Qu'il eft heureux de plaire!

LE COMTE.

(*à part.*)

Il voudroit bien, je crois, poſſéder mon fecret.

(*haut.*)

Calmez-vous, tout s'acquiert; c'eft par dégrés qu'on plaît.
Cela ne tient à rien, prefqu'à rien, je vous jure :
Quelque efprit naturel, orné par la lecture,
Et celle des anciens, fur-tout.

LE CHEVALIER, (*très-vivement.*)

Eh! m'y voilà!
On accable un moderne avec ces armes-là.

LE COMTE.

Chut!.. c'eft ma femme. Adieu... La prudence me chaſſe.

LE CHEVALIER.

Et la crainte, Monfieur, me fait quitter la place.

LE COMTE.

Non, parbleu, tenez bon ; j'y fuis intéreffé.

(*à part & en riant.*)

L'étourdi ! dans quel pas il s'eft embatraffé !

(*Sénante fort avec l'air de la confiance & du triomphe.*)

(*Madame de Sénante entre en rêvant, & tenant un billet. Le chevalier, pendant fon monologue, refte au fond du Théâtre, & s'approche par dégrés.*)

SCENE III.

LE CHEVALIER, LA COMTESSE.

LA COMTESSE, (*fans voir le Chevalier.*)

Des aveux, des fecrets !.. Enfin... il eft poffible
Que l'on foit parvenue à le rendre fenfible ?
Je le voudrois... D'Olmene en auroit un dépit !
Du Chevalier déjà le choix l'enorgueillit ;
Elle croit qu'elle feule a le don de lui plaire :
Elle, fixer un cœur !.. Hé bien, c'eft fa chimere,
Et férieufement, je crois qu'il feroit bon
D'humilier un peu tant de préfomption...
Il approche !.. Ah ! c'eft vous...

(*Le Chevalier s'approche avec un air timide & fenfible ; la Comteffe continue.*)

      Cet abord eft unique.
Comment ? Prefque du trouble, un air mélancolique ;

Un

Un billet où respire une tendre langueur !
Auroit-on par hazard affligé votre cœur ?
Le cœur, ce vieux mot-là ne vous fait pas sourire ?
Qu'en dites-vous ?.. Je vois ; vous brûlez de m'instruire

(rajustant sa robe.)

De quelque grand chagrin. Hé bien donc, soit. Je puis
Entendre, avant le bal, vos douloureux ennuis.

LE CHEVALIER, (jouant l'air timide.)

De vous les confier je n'aurai point l'audace :
Cette légereté, cet accueil m'embarrasse.
Je ne suis plus le même ; un rien peut m'alarmer,
Et voilà comme on est, dès que l'on sait aimer.
L'Amant dépouille alors tous ses airs de conquête ;
La crainte de déplaire est le frein qui l'arrête.
Dans les yeux qu'il adore il cherche à découvrir
Si l'on veut qu'il se taise, ou s'il peut se trahir.

LA COMTESSE, (en riant.)

Voilà du sérieux, je commence à le croire.
Rien ne va désormais manquer à votre gloire.
Mais débrouillez-moi donc le nœud de tout ceci.
D'Olmene vous distingue, elle vous plaît aussi ;
D'Olmene a, ce me semble, une grace touchante,
Et sa fierté, dit-on, n'est pas décourageante.

LE CHEVALIER, (affectant l'air circonspect.)

D'Olmene ! vous l'aimez.

LA COMTESSE, (très-vivement.)

Dites, dites toujours.

C

LE CHEVALIER.

Sur ses graces j'entends raisonner tous les jours.
Mais ne déguisons rien : quoiqu'on les juge telles,
Pensez-vous dans le fond qu'elles soient naturelles ?
Son petit abandon & ses airs négligés
Ne vous semblent-ils pas tout-à-fait arrangés ?

LA COMTESSE.

Je ne l'aurois pas dit, par égard pour vous-même ;
Mais vous avez un tact d'une finesse extrême,
Et tous ces charmes-là, si vantés, si fameux,
Toujours par quelque endroit importunent mes yeux.
C'est un je ne sais quoi qui m'est insupportable !..
Cela n'empêche pas qu'on ne soit très-aimable,
Et d'Olmene sur-tout...

LE CHEVALIER.

Eh bien ! Madame, eh bien !
Puisque vous permettez un plus libre entretien,
Me trouveriez-vous donc extrêmement coupable,
Si, craignant d'offenser la beauté respectable,
J'avais voulu cacher, par le goût d'un moment,
Une ardeur plus solide, un plus vrai sentiment ;
Si, plein d'un seul objet, je n'offrois à ses charmes
Que de timides vœux, du silence & des larmes ?
Mais si, las de me taire, emporté par mon feu,
J'exposois tant d'amour aux périls d'un aveu ?..

LA COMTESSE.

Oh ! vous me confondez avec un tel langage ;
Vous êtes pathétique, on ne peut davantage.

Avançons; ce roman devient plus compliqué :
Je m'y perds à présent.

LE CHEVALIER.

Tout vous est expliqué.

LA COMTESSE, (*avec une sorte d'inquiétude.*)

Ne brouillons rien... Le nom de la nouvelle Amante ?

LE CHEVALIER, (*du ton le plus galant.*)

Etes-vous donc dans l'âge où l'on est confidente ?

LA COMTESSE, (*feignant de ne pas entendre.*)

Si vous voulez qu'on plaigne un si cruel tourment,
Sachez vous expliquer un peu plus clairement.
Je ne vous entends pas.

LE CHEVALIER, (*jouant l'embarras.*)

Je tremble... Eh ! quoi, Madame,
Vous ne pénétrez pas le secret de mon ame ?

(*en hésitant.*)

Ce secret-là pourtant... ne regarde que vous.

LA COMTESSE, (*après avoir marqué sa joie dans son jeu muet.*)

L'indulgence, Monsieur, vous sauve du courroux.
Terminons cependant cette plaisanterie :
Je ne peux la devoir qu'à votre étourderie,
Et ne crois point du tout à cet amour léger,
Qu'un seul instant fait naître, & qu'un seul fait changer,
Mais, fussiez-vous sincere, on auroit à vous dire
Qu'il faut savoir sur soi conserver plus d'empire ;
Du respect qui convient ne jamais s'écarter,
Et qu'il est des liens que l'on doit respecter.

Je ne me regle point fur ce que font les autres ;
Vous faviez mes devoirs, je vous inftruis des vôtres.

LE CHEVALIER, (*avec la plus grande chaleur.*)

Et voilà juftement ce qui m'a retenu.
Oui, oui, je favois tout, j'avois tout prévenu.
Mon ame eft attentive autant qu'elle eft ardente ;
Je fais trop à quel point vous adorez Sénante !
Je n'examine pas, fi, fidele à fon tour,
il fe pique avec vous d'un fcrupuleux retour.
Ces détails, je le fens, ne font pas mes affaires,
Et ce n'eft pas à moi d'en percer les myfteres.
Sénante eft mon ami, c'eft tout ce que je vois ;
J'envierai fon bonheur en refpeƈtant fes droits.
Dans ce moment encor, il me prefloit lui-même
De ne jamais quitter une époufe qui l'aime ;
　　(*en l'obfervant.*)
Car fi j'avois, hélas ! trouvé grace à vos yeux,
Un voile impénétrable auroit couvert nos feux ;
　　(*à un mouvement de la Comteffe.*)
Et j'aurois pu fonger à tromper fa franchife !
C'eft un vœu qui révolte, & que rien n'autorife.
Ma conduite a prouvé que je penfe autrement.
Aux yeux qui l'ont produit j'ai caché mon tourment.
Brûlant d'être indifcret, defirant d'être honnête,
Par cent diftraƈtions j'étourdiffois ma tête,
Et, par mon amour même, inftruit à m'immoler,
Je vous aimois affez, pour n'en jamais parler.
　　　(*Il fe détourne pour rire.*)

LA COMTESSE.

Mais c'est un sacrifice ; &... fans qu'il m'intéreffe,
Je peux rendre juftice à fa délicateffe.
Je n'aurois jamais cru...

LE CHEVALIER, (*du ton le plus vrai.*)

Vous me connoiffiez mal.
Je fuis rempli d'égards pour le nœud conjugal ;
Et je me garderois, je l'avouerai fans feinte,
D'y porter, par mes feux, la plus légere atteinte.
Un fentiment profond, ennemi des éclats,
Vaut ces triomphes vains, où le bonheur n'eft pas.
Entraîné jufqu'ici, décidé par la mode,
Martyr le plus fouvent d'une ivreffe incommode,
Dupe de mes penchans, trompé dans mes defirs,
J'ai trouvé les ennuis, en cherchant les plaifirs.
Il eft tems, il eft tems que de moi je difpofe ;
J'ambitionne un cœur où le mien fe repofe.
A de modeftes foins j'ai fu l'accoutumer ;
Je ne voulois que plaire, il me fuffit d'aimer.

LA COMTESSE.

Vous méritez enfin qu'avec vous on raifonne,
Et votre ambition ne peut nuire à perfonne.

LE CHEVALIER, (*avec vivacité.*)

Comment, nuire ? Au contraire, elle peut à jamais
Faire marcher de front différens intérêts ;
La décence, l'amour, & l'hymen qui vous lie.

C iij

LA COMTESSE.

C'eſt, à ce que je vois, l'amitié qu'on oublie.
(*avec une ſorte d'intérêt.*)
Et l'amoureux Mata, qu'eſt-ce que l'on en fait ?

LE CHEVALIER.

Mais, rien... c'eſt mon avis. L'infortuné qu'il eſt ,
Souffert auprès de vous, s'empreſſe auprès d'une autre !
Il ignore le prix d'un cœur tel que le vôtre :
Et j'apprends que d'ailleurs, le trouvant à ſon gré ,
D'Olmene... Enfin , j'ai ſu qu'on s'en eſt emparé.

LA COMTESSE, (*avec un dépit mêlé de gaíté.*)
D'Olmene !.. Bien, très-bien. La petite Marquiſe
Sait jouer de ces tours ! Quoi ! Madame s'aviſe
D'être ſur mon chemin, d'attenter ſur mes droits,
Et d'en vouloir aux cœurs enchaînés ſous mes loix !
Par exemple, voilà, je ne puis m'en défendre,
De ces événemens qu'on eſt ravi d'apprendre.
Sa conduite, après tout, elle a dû le penſer ,
D'égards aſſez gênants pourra me diſpenſer.
J'y gagne au moins cela. Je ne regrette guere
Le cher Monſieur Mata , je voulois m'en défaire :
Mais je me vengerai du téméraire objet
Qui m'enleve un hommage , & me vole un ſujet.

LE CHEVALIER.

Vengez-vous ; il le faut.

LA COMTESSE, (*très-vivement.*)

         Laiſſez , laiſſez-moi faire.
Moi, qui voulois la paix !..

LE CHEVALIER.

Elle a livré la guerre.

LA COMTESSE, (*regardant le Chevalier avec plus
d'attention.*)

Que je vous jugeois mal ! Vous devez m'excufer,
Si vos premiers propos n'ont fait que m'amufer.
Vous-même, convenez que cela devoit être.
Mais vous m'ouvrez les yeux ; j'apprends à vous connoître.
Vous n'avez rien joué, du cœur tout eft parti ;
On n'exprime auffi-bien que ce qu'il a fenti.
Puifque vous étouffez jufques à l'efpérance,
J'accepterai vos foins...

LE CHEVALIER.

Qui font fans conféquence ;
Car je jure par tout...

LA COMTESSE.

Trêve aux emportemens.
J'en ai cru vos difcours, je craindrois vos fermens.

LE CHEVALIER, (*avec le plus grand fang-froid.*)
Eh bien ! fupprimons-les.

LA COMTESSE.

J'en ferai plus tranquille.
Puifqu'il a réuffi, confervez votre ftyle.
Du calme, fongez-y, de la docilité,
Et fur-tout, nul efpoir, car c'eft-là mon traité.
Ces articles...

LE CHEVALIER.

Eh ! oui : voudrois-je donc, Madame,
Par des prétentions effaroucher votre ame ?
J'aime, je suis heureux, & je tombe à vos pieds...

LA COMTESSE.

Et les articles...

LE CHEVALIER.

Ciel ! ils étoient oubliés.

(à part.)
Et d'une.

LA COMTESSE, *(ne pouvant cacher sa joie.)*

On vient. Sortez. Voyez quelle imprudence !
C'est d'Olmene !

LE CHEVALIER.

Tant mieux... Songez à la vengeance.

(reprenant l'air respectueux.)
Oui, Madame, je vais remplir vos volontés,
Et vos ordres en tout seront exécutés.

*(Il baise très-respectueusement la main de la Comtesse,
& sort en se prosternant devant la Marquise.)*

SCENE IV.

LA COMTESSE, LA MARQUISE.

LA MARQUISE.

(à part.   (haut, d'un air libre & serein.)
Le traître ! Pour le coup, vous voilà magnifique !
Une robe charmante, une coëffure unique !

LA COMTESSE.

Et vous, mife à ravir !

LA MARQUISE.

Comme l'on a voulu :

Rofe a fur ma parure un pouvoir abfolu.
Le bal fera brillant.

LA COMTESSE.

On le dit.

LA MARQUISE.

Je l'efpere.

Nous veillerons.

LA COMTESSE.

Mais oui.

LA MARQUISE.

Rien n'eft plus falutaire ;

Car rien n'eft auffi gai.

LA COMTESSE, (*d'un air diftrait.*)

C'eft felon.

LA MARQUISE.

Trouvez-vous ?..

(*après un filence.*)

Le Chevalier , je crois, étoit à vos genoux ?

LA COMTESSE , (*avec un air de diftraction.*)

Ah ! vous croyez.

LA MARQUISE, (*en fouriant.*)

Eh mais ! je me trompe peut-être.

(*après un filence.*)

Ne remarquez-vous pas qu'il eft bon à connoître ?

LA COMTESSE.

Et Mata, qu'affez bien on dit que vous traitez,
Ne remarquez-vous pas qu'il a des qualités ?

LA MARQUISE.

Parlons du Chevalier. Franchement, c'eſt dommage
Qu'étant ſi ſéduiſant, il ſoit auſſi volage ;
Qu'il promene au hazard ſon inconſtante ardeur,
Et qu'il jure un amour qui n'eſt point dans ſon cœur.

LA COMTESSE.

Je n'ai point vu cela. Quel qu'en ſoit le myſtere,
Il fait enfin aimer, & je crois qu'il peut plaire.
Sous le voile léger d'un frivole enjouement,
Il peut très-bien cacher l'ardeur d'un ſentiment.
Mais ſon cœur, peu connu, difficile peut-être,
Ne la doit point à ceux qui ne l'ont pas fait naître.
Revenons à Mata : c'eſt dommage, entre nous,
Qu'il ait un air ſi vague & des propos ſi fous.

LA MARQUISE.

Je n'ai point vu cela... J'aime ſon caractere ;
Son maintien eſt aiſé, ſa tournure eſt légere.
Il n'eſt point ſans eſprit, il a quelques vertus,
Et dit d'aſſez bons mots, qu'il n'a jamais prévus.

   (*rajuſtant un ruban.*)

Je crois que vous aimez le Chevalier, Comteſſe ?

LA COMTESSE.

Moi, je penſe qu'auſſi Mata vous intéreſſe.
Il vous aura ſéduite avec ſes agrémens.

LA MARQUISE.

Le Chevalier vous plaît par ſes empreſſemens.

(*en ſouriant.*)

Dites, vous auroit-il déjà perſuadée?

LA COMTESSE.

Songez, ſongez à vous, je me crois bien gardée.

LA MARQUISE.

Je n'appréhende rien pour ma tranquillité.

LA COMTESSE.

J'ai pour moi mes liens.

LA MARQUISE.

Pour moi ma liberté.

LA COMTESSE.

Un moment quelquefois ſoumet l'indépendance.

LA MARQUISE.

Le tumulte d'un bal étourdit la prudence.

SCENE V.

LES MÊMES; LE COMTE, MATA, (*diſputant avec action.*)

LE COMTE.

JE vous dis qu'elle tourne.

MATA, (*impatienté.*)

Et moi, dans tous les cas,
Je vous ſoutiens, morbleu, qu'elle ne tourne pas.

LA COMTESSE.

Quoi donc ?

MATA.

Il me pourfuit, que j'en fuis hors d'haleine...
Je ne raifonne pas, moi.

LE COMTE.

L'erreur eft certaine.
C'eft bouleverfer tout, c'eft vouloir le chaos
Qu'on a peint quelque part... quand le Ciel & les flots...
(*à fa femme.*)
Voyons : jugez-nous, vous qui connoiffez la fphere.
Copernic, n'eft-ce pas, a fait tourner la terre ?

LA COMTESSE.

Des differtations ! même ennui tous les jours,
Laiffons-les.

LA MARQUISE.

Volontiers.

LA COMTESSE, (*à la Marquife, avec l'air de la*
détefter.)

Nous nous aimons toujours ?

LA MARQUISE, (*avec la même expreffion.*)

Oh ! dans ce fentiment mon ame eft affermie.

LA COMTESSE.

Moi, je ferai toujours votre plus tendre amie.

(*Elles fortent.*)

SCENE VI.

LE COMTE, MATA.

LE COMTE.

Puisque nous voilà seuls en pleine liberté,
Reprenons notre texte, où nous l'avons quitté.

MATA, (*avec impatience & brusquerie.*)

Reprenez-le tout seul. Maudits soient les systêmes!
Et que me font à moi vos Docteurs, leurs problêmes,
Leur latin, leur hébreu, leur embrouillamini?
C'est l'enfer! avec eux on n'a jamais fini.

LE COMTE.

(*à part.*)   (*haut.*)
Les Savans ont des tics... Méchant! treve au mystere:
Nous savons à présent ce que vous savez faire.
Or, sus, argumentons : nous pouvons discourir
Sur tel sujet qu'enfin il vous plaira choisir.
(*Mata hoche la tête à chaque question.*)
La fable? Non? Je vois, votre fort est l'histoire.
Non plus? C'est la morale... Ah! je commence à croire
Que la métaphysique, éclipsant d'autres goûts...

MATA.

Miséricorde! eh mais! pour qui me prenez-vous?
Je veux être pendu, si personne en ma vie,

M'a jamais accusé de semblable folie.

(*faisant un pas pour s'en aller.*)

Moi, Métaphysicien!

LE COMTE, (*le ramenant malgré lui.*)

Sous votre faux semblant,
Le moyen d'entrevoir quel est votre talent!

(*après un silence, & avec gravité.*)

Croyez-vous, par exemple, avec la Grece entiere,
Qu'un concours fortuit préside à la matiere?
Démocrite a beau dire, il ne me séduit plus.
Peut-être goûtez-vous ses atomes?.. Abus.
J'en suis bien détaché. Sans peine encor je cede
A qui se moque un peu du miroir d'Archimede,
Qui, concentrant, dit-on, les rayons divergens,
Au loin, par ce moyen, alloit brûler les gens.

(*confidemment à Mata, qui trépigne de colere.*)

Mais j'ai des manuscrits, oh! divins! bien utiles,
Sur les serpens du Nil & sur les crocodiles.

(*retenant Mata, qui veut s'enfuir.*)

Vous y retrouverez ce qu'on a dit de bon
Du grand singe, adoré de tout tems au Japon,
Un coup-d'œil sur la Chine, un détail des Pagodes,
Une description des mœurs des Antipodes;
C'est curieux au moins? Nous prendrons une nuit,
Dès que vous le voudrez, pour les lire avec fruit.
Bref, ne nous quittons plus, quoique l'envie en glose,
Que nous n'ayons ensemble inventé quelque chose.

MATA, (*effrayé.*)

Qu'entends-je ?.. Ah! par pitié, daignez m'en exempter.
Ne comptez pas fur moi, fur-tout pour inventer.
Trop long-temps, à coup-sûr, je vous ferois attendre.
Jouir, voilà jufqu'où notre efprit doit s'étendre.
S'il va plus loin, tant pis. Vous moquez-vous des gens?
Oui, veillez donc pour lire un traité des ferpens !
Tenez, moi, je fuis franc; tout ce fratras m'ennuie :
Votre érudition me mettroit en furie.
Je ne fuis pas votre homme : adieu, je fuis preffé,
Et ne vous ai déjà que trop embarraffé.

LE COMTE, (*courant après Mata, & le forçant*
de revenir.)

(*à part.*)   (*haut.*)
On m'a trompé. Monfieur, je plains fort l'ignorance.

MATA, (*ne fe poffédant plus.*)
Moi, Monfieur, dans les fous, je plains fort la fcience.
(*Ici, le Chevalier entre & refte au fond.*)

SCENE VII.

LE CHEVALIER, LES MÊMES,

LE COMTE.

Mata, favez-vous bien?..

MATA.

Vous me faites damner.

LE COMTE.

Si...

MATA, (*furieux.*)

Coupons-nous la gorge, afin de terminer.

LE CHEVALIER (*avec sang-froid & gravité.*)

Quoi ! Messieurs, qu'est-ce donc que cette brouillerie !
La dispute entre vous à ce point s'est aigrie ?

LE COMTE.

Le vrai m'emporte, moi ; je dis des faits aux gens.
Voilà comme il répond à tous mes argumens.

LE CHEVALIER.

Y songez-vous Mata ? C'est une chose affreuse,
Malhonnête, indécente, & vraiment scandaleuse.
D'ailleurs, oubliez-vous dans vos témérités,
Que vous tuez toujours, lorsque vous vous battez.

   (*au Comte.*)

C'est un malheur qu'il a. Je n'y fais nul remede ;
Mais au moins, le sachant, il faut qu'on se possede.

LE COMTE.

Je le laisse avec vous... Je ne veux point rester,
A vous dire le vrai, de peur de m'emporter.
Maîtriser son courroux, voilà le vrai courage,
Et ce mot plein de sens est la regle du sage. (*Il sort.*)

  (*Mata le suit des yeux, & fait quelques pas vers le
fond du Théâtre, toujours en bougonnant.*)

SCENE VIII.

LE CHEVALIER, MATA.

LE CHEVALIER.

(*à part.*)

Oh ! je les tiens : ceci va m'en débarrasser.

MATA, (*revenant.*)

Cet original-là commence à me lasser.

C'est toi qui m'as lâché ce malheureux Sénante :

Sa science m'assomme , elle est persécutante.

Avec lui , quoi qu'on fasse , il faut s'en escrimer ,

Et je ne trouve pas un moment pour aimer.

Le bourreau me talonne , il m'obsede , il m'entraîne !..

(*ayant l'air de craindre son retour.*)

A la fin , j'en suis quitte , & je cours chez d'Olmene.

SCENE VIII.

LE CHEVALIER, *seul.*

Bonne dispute, allons !.. Oh ! je prévoyois bien

Qu'eux-mêmes, à la fin, m'offriroient un moyen

De les chasser du bal , où vraiment leur présence ,

De mon double succès m'eût ôté l'espérance.

Le champ me reste enfin ! leur débat sert mes vœux ,

Et je vais en ami faire veiller sur eux.

Fin du second Acte.

D

ACTE III.

SCENE PREMIERE.

LA MARQUISE, ROSE.

LA MARQUISE.

Eh bien ! ton Chevalier ?

ROSE.

Il eſt inſupportable ;
Il croit en vérité, parce qu'il eſt aimable...

LA MARQUISE.

Et puis, fiez-vous donc à ſes tendres ardeurs.
Hier, des ſoins marqués ; aujourd'hui, des froideurs.
Son air calme ſur-tout me dépite & me bleſſe.

ROSE.

Quel dommage qu'il plaiſe & qu'il nous intéreſſe !

LA MARQUISE.

Je parie avec toi qu'il n'a pas un remords..

ROSE.

Il m'a tout l'air d'un homme endurci dans ſes torts.

LA MARQUISE.

Il faut s'en conſoler.

ROSE.

L'effort eſt difficile.

LA MARQUISE.

Tu ris. Je te réponds que je fuis fort tranquille ;
Mais plus que tu ne crois. Dans le premier moment,
J'ai fenti, je l'avoue, un peu d'étonnement.

ROSE.

A votre place, moi, je ferois indignée,
Jaloufe, furieufe, & très-déterminée.

LA MARQUISE.

A quel propos ?.. L'ai-je ?

ROSE, (avec fineffe.)

Oh ! non pas autrement.

LA MARQUISE.

Je ne l'ai jamais cru digne d'un fentiment.
Tu l'as vu, tu le fais ; je plaignois fon ivreffe,
Et d'affez de mépris je payois fa tendreffe.

ROSE.

Je ne fais que vous dire. Un Amant opprimé
Eft fouvent plus pour nous qu'un Amant bien aimé.
On le tient ; il eft là. Selon la circonftance,
On va diftribuant la crainte ou l'efpérance,
On fait juftice ou grace ; & du moins avec lui,
Même de fes rigueurs on peut tirer parti ;
C'eft un état fort doux.

LA MARQUISE.

Le mien l'eft davantage.

ROSE.

Oh ! que je n'aurois pas ce modefte courage !
Comment ? Vous aurez fait un plan pour réfifter,

Pour avoir tous les jours quelqu'un à tourmenter,
Et vous renonceriez même à la fantaisie
De vous laisser fléchir, s'il vous en prend envie!
Rien n'est plus odieux & plus contrariant.
La Comtesse a pour vous un procédé criant.

LA MARQUISE.

Va, pour tout déranger, pour rompre cette chaîne,
Je n'ai qu'à le vouloir, & m'en donner la peine;
Mais je sais me contraindre, & ne veux rien troubler.

ROSE.

Mais l'amour-propre souffre, & doit vous réveiller.
De vos Adorateurs il faudra qu'on dispose!
Un Amant, quel qu'il soit, est toujours quelque chose.
Madame, j'emploierois des moyens violens;
Elle apprendroit enfin à connoître ses gens.
Je n'en démordrois pas : rien, rien n'est impossible;
On ramene l'esprit le plus incorrigible.
Çà... décidez-vous donc...

LA MARQUISE, (à part.)
                    Que son air est trompeur!

ROSE.

Ce maudit Chevalier !

LA MARQUISE.
                Crois-tu qu'au fond du cœur
Il aime plus que moi Madame de Sénante?

ROSE.

A quoi bon s'abuser ? Sa conduite est parlante.

LA MARQUISE.

(à part.)   (haut)
Que trop ! Il se pourroit, il se pourroit vraiment,
Qu'avec cent qualités, qu'avec un ton charmant,
Il m'osât préférer une femme hautaine,
Que ce nouvel amour va rendre encor plus vaine ;
Une femme, entre nous, que je ne puis souffrir ;
Qui ne veut que briller, & feint de s'attendrir ;
Que l'on trouve par-tout d'une audace étonnante,
Prude, fausse, ennuyeuse, & fort impertinente,
Assez laide d'ailleurs !

ROSE.

Eh ! c'est parler cela.
A vous dire le vrai, je vous attendois-là.
Vous voilà plus à l'aise à présent, je le gage.
La fierté satisfait ; mais le dépit soulage.

LA MARQUISE, *(avec la plus grande chaleur.)*

C'est expliquer fort mal quelques momens d'humeur,
Qui partent de ma tête, & non pas de mon cœur.
Le Chevalier du moins, ses torts, son inconstance,
N'ont pas la moindre part à mon impatience.

ROSE.

Ce ton, pour le prouver, est plus que suffisant.
Tenez, je sais à quoi m'en tenir à présent.

LA MARQUISE, *(en riant.)*

Rose, de bonne foi, tu crois donc que je l'aime ?

D iij

ROSE.

Vous pouvez là-dessus l'interroger lui-même.
Il vient... Vous vous troublez !

LA MARQUISE.

Me troubler... point du tout.

ROSE, (*montrant le Chevalier.*)

Son air change en amour ce qui n'étoit qu'un goût.
(*Jeu muet entre Rose & le Chevalier : elle lui fait
des signes d'intelligence, & sort.*)

SCENE II.

LE CHEVALIER, LA MARQUISE.

LE CHEVALIER, (*de l'air le plus leste.*)

PARDONNEZ... je cherchois Madame de Sénante.

LA MARQUISE.

Et moi je l'attendois.

LE CHEVALIER.

Toujours fraîche & brillante.

LA MARQUISE.

L'éloge est très-flatteur...

LE CHEVALIER.

Comment ? Il vous est dû.

LA MARQUISE.

Ah ! fort bien.

(*après une pause , & d'un air de distraction.*)

Chevalier, je vous ai donc perdu ?

LE CHEVALIER.

Y pensez-vous encor ? Quand on est si jolie,
Pareil malheur n'est rien, y songer est folie.
Les beautés à la mode, & vous en êtes-là,
Font bien de rire un peu de ces accidens-là.
Que dis-je ? On se retrouve, après les fantaisies
Et les courses d'usage, & quelques perfidies,
Pour goûter le bonheur, plus piquant de moitié,
De se ressouvenir... qu'on s'étoit oublié.

LA MARQUISE.

Ah ! c'est un ton nouveau.

LE CHEVALIER, (*avec la plus grande gaîté.*)

     Quand j'ai peint ma tendresse,
Qu'ai-je gagné de plus par sa délicatesse ?
Votre sexe, autre part, après quelques soupirs,
Veut des Adorateurs, & non pas des Martyrs.
Si l'on aime, on espere ; ici, c'est autre chose.
Le cœur n'atteint jamais le but qu'il se propose.
Votre incroyable amour, aux langueurs condamné,
 (*en riant.*)
A toujours, par respect, un air infortuné.
Cet air-là, qui vous charme, est notre antipathie...
Oui, Madame, elle est née avec la Monarchie ;
Et, depuis Pharamond, les François valeureux,
Qu'on traite bien par-tout, qu'on rebute en ces lieux,
Favorisés de Mars, favorisés des belles,
Sont amoureux gaîment, & gaîment infideles.

LA MARQUISE.

Hé bien, fur ce pied-là, (j'en ferois caution)
Vous foutiendrez l'honneur de votre Nation :
Mais chez ce Peuple unique, où l'on rit, où l'on change,
Dites-moi donc un peu comment cela s'arrange ?
Ce tableau, fait par vous, doit être féduifant;
Vous aurez l'art fur-tout de le rendre amufant.

LE CHEVALIER, (*avec la plus grande légereté.*)
Il l'eft pour moi, du moins. Oui, ne vous en déplaife,
Ce que vous exigez me met fort à mon aife.
Je vais croire un moment, après de triftes jours,
Refpirer l'air natal en peignant nos amours.
Qu'une femme nous plaife, ou plutôt nous enivre,
Tout difparoît, tout cede à l'orgueil de la fuivre,
D'inventer mille égards, mille foins amoureux,
Dont nous favons jouir, même avant d'être heureux.
Eh ! que dis-je, des foins ? C'eft de l'idolâtrie.
Le monde, à fes égards, prend un air de féerie;
L'imagination fe plaît à la parer;
On épure l'encens qu'on lui fait refpirer :
S'il eft quelques fouhaits que fon cœur forme encore,
L'enchanteur l'a prévu... Les plaifirs vont éclore !
Sans ceffe occupé d'elle, il occupe à fon tour.
Enfin, de fes progrès rendant grace à l'amour,
Par dégrés vers le terme il fe fraye une route.
Il foupire, on le plaint; il s'explique, on l'écoute :
Il rifque de ces mots qui ne font pas perdus,
Articulés fi mal, & fi bien entendus !

Le scrupule combat , le desir sollicite ;
Le trouble naît, augmente... & l'Amant en profite:
Mais quand l'aimable espoir ne lui sourit jamais ,
Lorsqu'il n'ose entrevoir le moment du succès ,
Blessé par le dédain , ennuyé du caprice ,
Il rompt des nœuds cruels , échappe à l'injustice ,
Et se livre à l'objet qui , l'ayant mieux traité ,
Peut le rendre au bonheur... par l'infidélité.

LA MARQUISE.

Eh ! ce bel objet-là sans doute est la Comtesse ?
Il est clair qu'elle seule ici vous intéresse :
Elle aura son moment , elle vaut bien cela ,
Et sa séduction peut aller jusques-là.

LE CHEVALIER.

Mais, moi , je la distingue & l'aime au fond de l'ame ;
J'ai toujours remarqué du bon dans cette femme.
Elle a des yeux touchants , qui sont faits pour tenter ,
Et des demi-regards... qu'on peut interpréter.

LA MARQUISE.

(*avec un sérieux joué.*)
Rien ne doit égaler des ardeurs si parfaites.
(*partant d'un éclat de rire.*)
Que de soins vous prenez , & quels contes vous faites ?
Répétez-les cent fois , je n'y croirai jamais.
A peine avez-vous eu quelques foibles projets :
C'est moi qui vous le dis, moi qui suis clairvoyante.
Non , non , vous n'aimez pas la divine Sénante.
Le motif de vos soins ne pouvoit m'échapper ;
Vous ne l'aimez pas même assez pour la tromper.

LE CHEVALIER.

Ah ! vous m'allez nier mes feux pour la Comtesse !

LA MARQUISE.

Si je vous les nierai...

LE CHEVALIER.

J'en sens trop bien l'ivresse.
Elle est aimable enfin, fort aimable !.. Je crois
Que l'on peut hardiment s'applaudir d'un tel choix.
D'ailleurs, que voulez-vous? Vous conviendrez vous même
Qu'on s'attache aisément à l'objet qui nous aime.

LA MARQUISE.

C'est à n'y plus tenir ! Savez-vous qu'aujourd'hui
Vos propos, Chevalier, font à périr d'ennui?

LE CHEVALIER.

Une autre...

LA MARQUISE, (*l'interrompant.*)

Une autre a tout; elle est tendre, elle est belle.
Mais tâchons, s'il vous plaît, de ne plus parler d'elle.
(*après une pause.*)
Vous irez à ce bal...

LE CHEVALIER, (*d'un ton décidé.*)

Avec elle ?

LA MARQUISE.

Oh ! non pas.

LE CHEVALIER.

Songez donc : c'est un ordre. Hazarderois-je un pas ?..

LA MARQUISE.

Hé bien, c'est un contre-ordre ; il faut qu'on le respecte :

L'exigeance, à coup-sûr, n'est point du tout suspecte ;
Mais c'est ma fantaisie, & vous y céderez.

LE CHEVALIER, (*à part.*)

C'est ce que je demande.

LA MARQUISE.

Oui, vous m'obéirez.

LE CHEVALIER, (*avec le transport le plus vif.*)

Tous mes vœux sont remplis!.. C'est trop feindre. La joie,
A ce mot si charmant, dans mon cœur se déploie.
En vain votre Rivale en secret y prétend.
Combien j'avois l'air gauche à le peindre inconstant!
Non, non, je veux offrir un tout autre modele ;
Vous seule m'occupiez quand je restois près d'elle,
Et je me suis, hélas! surpris à ses genoux,
Lui jurant un amour que je sentois pour vous.

LA MARQUISE, (*en riant.*)

Quoi! même à ses genoux c'est à moi qu'on s'adresse!
Mais c'est apparemment un détour de tendresse?
Vous, une perfidie!

LE CHEVALIER, (*toujours avec la chaleur de la
passion.*)

Ah! jugez-vous donc mieux,
Et défiez-vous moins du pouvoir de vos yeux.
Vous trahir!.. Trouvez-en quelques marques certaines.
M'avez-vous vu quitter vos couleurs pour les siennes?
Sous ce chiffre enchanteur que ma main a tressé,
Votre nom dans le mien n'est-il pas enlacé?
Ce nom excite en moi l'intérêt le plus tendre,

Et je ne puis fans trouble ou le dire ou l'entendre.
Eft-ce là de l'amour ? Prononcez entre nous.
Mais bon ; pour en parler, eh ! le connoiffez-vous?
Vous n'avez pas daigné me faire un feul reproche.
Avez-vous de colere évité mon approche ?
Ai-je vu des tranfports, des regrets, des fureurs ?
Ma perte étoit pour vous le moindre des malheurs.
Eh ! tenez, devant vous je louois la Comteffe,
Je vantois fa beauté, fon efprit, fa jeuneffe,
A peine un feul moment je vous vis contefter ,
Et vous écoutiez tout, fans trop vous emporter.

LA MARQUISE.

Il querelle à préfent! Allons, rien n'eft plus fage ;
J'aurai, moi, tous les torts, & lui pas un... Courage.
Je ne m'attendois pas, foit dit fans vanité,
A m'entendre louer fur ma tranquillité.

LE CHEVALIER.

Elle étoit une injure, un affront, un fcandale ,
N'aimât-on point, fachez, que l'on hait fa rivale.

LA MARQUISE.

Je ne l'aime pas trop, ne vous défolez pas.

LE CHEVALIER.

Il faut me le prouver.

LA MARQUISE.

Il faut fuir les éclats.

LE CHEVALIER.

Jugez fi je chéris ma conquête nouvelle ;

Je dois, pour cette fête, arriver avec elle :
Cela, sans contredit, peut faire événement.
Montrez que vous savez fixer un sentiment,
Et daignez une fois signaler votre empire.

LA MARQUISE.

Mais...

LE CHEVALIER.

A sa place, moi, je vais vous y conduire.

LA MARQUISE.

Comment, vous oserez...

LE CHEVALIER.

J'oserai tout.

LA MARQUISE.

Au fait.

Cela ne peut, je crois, faire qu'un bon effet.
Oui ; mais ayant promis...

LE CHEVALIER.

Eh ! le Duc est chez elle.

Dans toute sa pâleur, il y fait sentinelle.
Quoique ce Seigneur-là n'ait pas l'air Cavalier,
Il peut à mon défaut lui servir d'Ecuyer.

LA MARQUISE, (en riant.)

Peut-être elle en mourra !

LE CHEVALIER.

Point de miséricorde.

Le voulez-vous ? Partons.

LA MARQUISE.

Eh bien ! je vous l'accorde.

LE CHEVALIER.

(*à part.*)

Je triomphe !

LA MARQUISE, (*en riant aux éclats.*)

Ah ! bon Dieu ! quel sera son courroux !

LE CHEVALIER.

C'est un plaisir de plus dont mon cœur est jaloux.

SCENE III.

LES MÊMES, LE COMTE, MATA.

LE COMTE, (*voyant le Chevalier conduire la Marquise.*)

Je venois... Qu'est-ce donc ? Un moment ! je réclame...

MATA, (*marquant une surprise gaie.*)

Que vois-je ?

LE CHEVALIER.

Eh bien ! tu vois que j'emmene Madame.

(*Schante reste quelque tems stupéfait & immobile.*)

SCENE IV.

LE COMTE, MATA.

LE COMTE, (*après un silence, & regardant Mata, qui a l'air tout ébahi.*)

Je n'y comprends plus rien.

S C E N E V.

L es mêmes, UN EXEMPT.

L'EXEMPT, (*au Comte & à Mata.*

E n conféquence
De votre démêlé, dont elle a connoiſſance,
La Cour, juſqu'à demain, vous retient aux arrêts.

M A T A.

Qui ? Nous !

L'EXEMPT.

Préciſément ; j'ai de plus l'ordre exprès
De vous défendre un geſte, un mot qui renouvelle
(*au Comte.*)
Entre vous & Monſieur quelqu'ombre de querelle.
(*s'adreſſant toujours au Comte.*)
Tâchez de contenir vos tranſports valeureux.

L E C O M T E.

Ah ! çà, plaiſantez-vous ?

L'EXEMPT.

Rien n'eſt plus férieux.

M A T A, (*à l'Exempt.*)

Oui, vous l'êtes autant que votre ordre eſt frivole.

L E C O M T E.

Nous partions pour le bal.

M A T A.

La Cour eſt-elle folle ?

LE COMTE.

(à Mata.)

Pour deux mots... un peu vifs ; nous en voilà remis.
Gentilshommes jamais n'ont été plus unis.

MATA.

Querelle de Savans.

L'EXEMPT.

Je n'ai rien à répondre.

Mais songez...   (*Il fort.*)

LE COMTE, (*courant après lui.*)

Va, le Ciel puiffe-t-il te confondre !

SCENE VI.

LES MÊMES.

MATA.

N'IMPORTE, il faut aller...

LE COMTE.

Beau confeil ! beau projet !

MATA.

Très-beau !

LE COMTE.

Confultons-nous. Un moment, s'il vous plaît.
Avoir un tort réel, défobéir !

MATA.

Sottife !

Parbleu

Parbleu, je veux danſer, quoi que la Cour en diſe ;
Qui ſoupçonner ?..

LE COMTE, (*après avoir un peu réfléchi.*)
Reſtons, tout bien conſidéré.

MATA.
Mais je ſuis furieux,

LE COMTE.
Et moi déſeſpéré.
(*ici, Mata part d'un grand éclat de rire.*)
C'eſt bien prendre ſon tems pour s'égayer !..

MATA.
Qu'y faire ?

LE COMTE.
Moi, qui devois ce ſoir terminer une affaire !

MATA.
Et moi donc ! mais l'objet de vos grands deſſins, qui ?

LE COMTE.
Paix donc : je ſuis diſcret ; & vous ?

MATA.
Diſcret auſſi.

LE COMTE.
Oui ?.. D'un maître fripon vous m'avez bien la mine.

MATA.
Cet ordre eſt ſingulier. Le moyen qu'on devine !..

LE COMTE.
J'enrage !

MATA.
Il eſt certain que c'eſt un contre-tems,

E,

Un dégoût très-marqué... comme vous, je le fens ;
Mais recourons enfin à la Philofophie,
Et fachons endurer les peines de la vie.
Soupons...

LE COMTE.

Ecoutez donc.

MATA.

Hem! pas trop mal penfé.

LE COMTE.

Le trait eft lumineux.

MATA.

Et fur-tout très-fenfé.

LE COMTE.

Qu'on nous ferve, Raimon... Plus je vous envifage...
Vous pourriez bien au fond être vraiment un Sage.
Soupons! plus qu'on ne croit ce mot eft important,
Et défunt Epicure en auroit dit autant :
(*les gens entrent & apportent la table.*)
Occupez-vous toujours avec de tels modeles,
Seuls ils fortifieront vos graces naturelles,
Et par les réfultats... qui...

MATA, (*l'interrompant.*)

Voici le fouper.

Vous allez voir, Monfieur, fi je fais m'occuper.
(*ils fe mettent à table.*)
Ah ! quel appétit j'ai !

LE COMTE, (*lui verfant à boire, & faifant*
figne aux gens de s'éloigner.

Tant mieux. D'honneur je l'aime...
A vous donc, libertin.

MATA.

Comment donc? A vous-même.
Je pafferois la nuit à boire ce vin-là.

LE COMTE.

Il eft bon.

MATA.

Excellent. Je tranche fur cela.

LE COMTE.

Ils ne fe doutent pas, avec leur danfe en tête,
Que ce jour-ci pour nous devient un jour de fête.
Ce Chevalier... peut-être il nous plaint bonnement,
Et c'eft moi qui gémis de fon aveuglement.
Si vous faviez...

MATA, (*lui verfant à boire.*)
Buvons.

LE COMTE, (*après avoir bu, & riant de toute*
fa force.)

A propos, fauf le blâme,
Vous fûtes quelque temps bien tenté de ma femme.

MATA, (*fe levant avec précipitation.*)
Moi; ceux qui vous l'ont dit en ont menti, morbleu.

LE COMTE.
Là... voyez, fur un mot le voilà qui prend feu!

(*il lui verse à boire.*)
Je vous déclare, moi, quoique l'envie en pense,
Que ma femme vaut bien vos prodiges de France.
Des gens du plus haut ftyle, on peut vous l'affurer,
Pour elle ont eu, Monfieur, l'honneur de foupirer :
J'en fus vingt fois témoin...

M A T A , (commençant à balbutier.)

Ah! c'eft une autre affaire,
Je ferai fon Amant, fi cela peut vous plaire.
Je ne devine point, moi... Là, plus de courroux,
Tout eft dit ; il n'eft rien qu'on ne faffe pour vous.

L E   C O M T E, (ravi.)

Il a de bons momens, &... mais treve aux éloges ;
(*après avoir avalé un grand verre de vin.*)
Raifonnons... Quand crois-tu, que... que les Allobroges
Soient venus s'établir dans le Piémont? Oui, toi,
Eclaircis-moi ce fait très-important.

M A T A , (en pointe de vin.)

Ma foi,
Je penfe que ce fut vers les guerres civiles.

L E   C O M T E.

J'en doute ; tu n'es pas encor des plus habiles,
N'importe, on peut errer... Et fous quel Confulat?

M A T A,

Sous celui de la Ligue,

LE COMTE, (*entre ses dents.*)

Il se moque, le fat !

MATA.

Hem !

LE COMTE.

Rien.

MATA.

C'est dans le temps où les Guises, je pense,
Firent venir, Monsieur, les Lasquenets en France.

LE COMTE.

Fausse époque !

MATA, (*étonné.*)

Plaît-il ?

LE COMTE.

Attends, je vais chercher
Certain recueil qui peut...

MATA, (*le remettant de force sur son siége.*)

Non, parsembleu, mon cher.

LE COMTE.

Il faut bien...

MATA.

Rester là.

LE COMTE.

Te prouver.

MATA.

Patience.

E iij

LE COMTE.

Ignorant !

MATA.

(après avoir bu un grand verre de vin.)

Ignorant !.. Malgré mon ignorance...
Il me vient une idée, & , dans le cas préfent,
Tu la trouveras bonne indubitablement.
Tu viens de te conduire en excellent Convive ,
C'eft un fait ; mais je fonge à ce qui nous arrive.
Moi, j'aime affez qu'on ait toutes fes libertés ,
Et la Cour, par fon ordre, aftreint nos volontés :
Elle s'arroge un droit qu'on a droit de combattre.

(s'approchant de lui , & à voix baffe.)

Et tiens, pour l'attraper, nous devrions nous battre ;
A huis clos , là... fans bruit, en petit comité :
Ce fait d'armes auroit de la célébrité.

LE COMTE.

Songes donc , ordre exprès !

MATA.

Ofons ne pas le fuivre.

LE COMTE.

Comment ?

MATA.

A cette Cour, il faut apprendre à vivre.

LE COMTE.

Cette idée, entre nous, n'a pas le fens commun.

MATA, (*se levant.*)

Effayons feulement.

LE COMTE.

Quel Convive importun!

MATA.

Cela rendroit pourtant notre gloire immortelle ;
Tu ne trouveras point d'occafion plus belle.
Voi, rien n'eft plus tentant.

LE COMTE, (*balbutiant.*)

A qui diantre en as-tu?

MATA.

Avife-toi, réfous ; c'eft le fruit défendu.

LE COMTE, (*affectant de la gaîté.*)

Et je me le défends, finis... Tête légere !
Avec ces façons-là, le moyen qu'on digere !
Fi... faifons voir plutôt des Citoyens foumis,
Deux compagnons d'étude, & deux rivaux amis.

(*Ils reftent quelque tems dans les bras l'un de l'autre ;
le Chevalier entre, refte au fond du Théâtre, &
éclate de rire.*)

SCENE IX.

LES MÊMES, LE CHEVALIER.

LE CHEVALIER, (*s'approchant.*)

Restez donc ; j'aime à voir cette étroite embrassade.
Rien n'est aussi touchant qu'une telle accolade.

MATA, (*au Comte.*)

Le malheureux ! lui seul nous a fait rester là ;
Et le voilà qui rit !

LE CHEVALIER, (*faisant signe à Mata de se taire.*)
Je vous devois cela.

LE COMTE.

Oui ; mais moi, falloit-il ?..

LE CHEVALIER.
Il falloit vous exclure.

LE COMTE.

Pourquoi ?

LE CHEVALIER.

Quant aux détails, grace, je vous conjure.

(*à Mata.*)

Vous, l'homme aux grands projets, vous aviez prétendu
De beautés en beautés voler à mon insçu ;
J'ai tâché d'accorder la mienne & la vôtre...

MATA, (*au Comte.*)

Propos.

LE CHEVALIER.

J'ai mené l'une, & j'ai ramené l'autre.

LE COMTE, (*lui prenant la main.*)

Oui ; touchez-là : c'est tout ce que vous en aurez.

MATA.

Plaignez au moins les gens que vous désespérez.

LE CHEVALIER.

Allons, je pars pour Londre, & vraiment je regrette...

(MATA, (*surpris.*)

Quoi ! tu pars ?

LE COMTE, (*riant aux éclats.*)

Il en tient, il songe à la retraite.
Le plaigne qui voudra. Chevalier, c'est bien fait :
Vantez-nous à présent votre double projet.

(*à Mata en confidence.*)

Sûr de l'événement, j'encourageois sa flamme,
Et j'en vais au plutôt féliciter ma femme.
J'en rirai plus d'un jour. Osez en faire autant.

LE CHEVALIER, (*au Comte qui sort.*)

Comte, je suis ravi que vous soyez content.

SCENE DERNIERE.

LE CHEVALIER, MATA.

LE CHEVALIER.

Et toi?

MATA.

Moi ? Pourquoi pas ?

LE CHEVALIER.

Ah ! quel homme adorable !
On le prive du bal , il court se mettre à table.
Poursuis ; garde à jamais tes aimables penchants :
Laisse , Convive heureux , les soucis aux Amans.
Près de la prude ici ta poursuite fut vaine.
Hé bien , si même sort t'attend avec d'Olmene ,
Moque-toi des rigueurs , redoute les liens ,
Et bois à mes amours , pour consoler les tiens.

FIN.